AF487409

HEUTE IST EIN GUTER TAG ZUM
GELD SPAREN

JANUAR

REGELN

Keine Süßigkeiten

Kein Kino

MERKE

Du hast alles was du brauchst

Du hast alles was du brauchst

AUSNAHMEN

Benzin

Kredit

frage dich selbst:
brauche ich das
wirklich?

GESCHAFFT:
24 /31

1	2	3	4	5	✗6	7	✗8	9	10
11	12	13	14	15	16	17	18	19	20
✗21	✗22	✗23	✗24	✗25	26	27	28	29	30

| 31 | ✗ GELD AUSGEGEBEN | ▦ KEIN GELD AUSGEGEBEN |

HEUTE IST EIN GUTER TAG ZUM
GELD SPAREN

JANUAR

REGELN

MERKE

AUSNAHMEN

frage dich selbst: brauche ich das wirklich?

GESCHAFFT:
/31

1	2	3	4	5	6	7	8	9	10
11	12	13	14	15	16	17	18	19	20
21	22	23	24	25	26	27	28	29	30

31	✕	GELD AUSGEGEBEN	▯	KEIN GELD AUSGEGEBEN

AUSGABEN

WAS ICH KAUFEN WOLLTE- ABER NICHT GEKAUFT HABE

KEINE AUSGABEN IM

FEBRUAR

REGELN

MERKE

AUSNAHMEN

frage dich selbst: brauche ich das winklich?

GESCHAFFT: /29

1	2	3	4	5	6	7	8	9	10
11	12	13	14	15	16	17	18	19	20
21	22	23	24	25	26	27	28	29	

✕ GELD AUSGEGEBEN   ▨ KEIN GELD AUSGEGEBEN

AUSGABEN

WAS ICH KAUFEN WOLLTE-
ABER NICHT GEKAUFT HABE

31 TAGE
ohne Geld auszugeben

MÄRZ

REGELN

MERKE

AUSNAHMEN

frage dich selbst: brauche ich das wirklich?

GESCHAFFT: /31

1	2	3	4	5	6	7	8	9	10
11	12	13	14	15	16	17	18	19	20
21	22	23	24	25	26	27	28	29	30
31	✕ GELD AUSGEGEBEN				▨ KEIN GELD AUSGEGEBEN				

AUSGABEN

WAS ICH KAUFEN WOLLTE-
ABER NICHT GEKAUFT HABE

HEUTE IST EIN GUTER TAG ZUM GELD SPAREN

APRIL

REGELN

MERKE

AUSNAHMEN

frage dich selbst: brauche ich das wirklich?

GESCHAFFT: /30

1	2	3	4	5	6	7	8	9	10
11	12	13	14	15	16	17	18	19	20
21	22	23	24	25	26	27	28	29	30

✗ GELD AUSGEGEBEN   ▧ KEIN GELD AUSGEGEBEN

AUSGABEN

WAS ICH KAUFEN WOLLTE-
ABER NICHT GEKAUFT HABE

KEINE AUSGABEN IM

MAI

REGELN

MERKE

AUSNAHMEN

frage dich selbst: brauche ich das wirklich?

GESCHAFFT: /31

1	2	3	4	5	6	7	8	9	10
11	12	13	14	15	16	17	18	19	20
21	22	23	24	25	26	27	28	29	30
31	✕ GELD AUSGEGEBEN				▮ KEIN GELD AUSGEGEBEN				

AUSGABEN

WAS ICH KAUFEN WOLLTE-
ABER NICHT GEKAUFT HABE

30 TAGE
ohne Geld auszugeben

JUNI

REGELN

MERKE

AUSNAHMEN

frage dich selbst: brauche ich das wirklich?

GESCHAFFT: /30

1	2	3	4	5	6	7	8	9	10
11	12	13	14	15	16	17	18	19	20
21	22	23	24	25	26	27	28	29	30

✗ GELD AUSGEGEBEN ▪ KEIN GELD AUSGEGEBEN

AUSGABEN

WAS ICH KAUFEN WOLLTE-
ABER NICHT GEKAUFT HABE

HEUTE IST EIN GUTER TAG ZUM GELD SPAREN

JULI

REGELN

MERKE

AUSNAHMEN

frage dich selbst: brauche ich das wirklich?

GESCHAFFT: /31

1	2	3	4	5	6	7	8	9	10
11	12	13	14	15	16	17	18	19	20
21	22	23	24	25	26	27	28	29	30
31	✕ GELD AUSGEGEBEN				▨ KEIN GELD AUSGEGEBEN				

AUSGABEN

WAS ICH KAUFEN WOLLTE-
ABER NICHT GEKAUFT HABE

KEINE AUSGABEN IM

AUGUST

REGELN

MERKE

AUSNAHMEN

frage dich selbst: brauche ich das wirklich?

GESCHAFFT: /31

1	2	3	4	5	6	7	8	9	10
11	12	13	14	15	16	17	18	19	20
21	22	23	24	25	26	27	28	29	30

31 ✕ GELD AUSGEGEBEN ▨ KEIN GELD AUSGEGEBEN

AUSGABEN

WAS ICH KAUFEN WOLLTE-
ABER NICHT GEKAUFT HABE

30 TAGE
ohne Geld auszugeben

SEPTEMBER

REGELN

MERKE

AUSNAHMEN

frage dich selbst: brauche ich das wirklich?

GESCHAFFT:
/30

1	2	3	4	5	6	7	8	9	10
11	12	13	14	15	16	17	18	19	20
21	22	23	24	25	26	27	28	29	30

✕ GELD AUSGEGEBEN ▦ KEIN GELD AUSGEGEBEN

AUSGABEN

WAS ICH KAUFEN WOLLTE-
ABER NICHT GEKAUFT HABE

HEUTE IST EIN GUTER TAG ZUM
GELD SPAREN

OKTOBER

REGELN

MERKE

AUSNAHMEN

frage dich selbst:
brauche ich das
wirklich?

GESCHAFFT:
/31

1	2	3	4	5	6	7	8	9	10
11	12	13	14	15	16	17	18	19	20
21	22	23	24	25	26	27	28	29	30
31	✕ GELD AUSGEGEBEN				▨ KEIN GELD AUSGEGEBEN				

AUSGABEN

WAS ICH KAUFEN WOLLTE-
ABER NICHT GEKAUFT HABE

KEINE AUSGABEN IM

NOVEMBER

REGELN

MERKE

AUSNAHMEN

frage dich selbst: brauche ich das wirklich?

GESCHAFFT: /30

1	2	3	4	5	6	7	8	9	10
11	12	13	14	15	16	17	18	19	20
21	22	23	24	25	26	27	28	29	30

✗ GELD AUSGEGEBEN ▪ KEIN GELD AUSGEGEBEN

AUSGABEN

WAS ICH KAUFEN WOLLTE-
ABER NICHT GEKAUFT HABE

31 TAGE
ohne Geld auszugeben

DEZEMBER

REGELN

MERKE

AUSNAHMEN

frage dich selbst: brauche ich das wirklich?

GESCHAFFT:
/31

1	2	3	4	5	6	7	8	9	10
11	12	13	14	15	16	17	18	19	20
21	22	23	24	25	26	27	28	29	30

31	✗ GELD AUSGEGEBEN	KEIN GELD AUSGEGEBEN

AUSGABEN

WAS ICH KAUFEN WOLLTE-
ABER NICHT GEKAUFT HABE